Inhalt

Chemikalienrichtlinie "Reach" - Aktuelle Studie mildert Bedenken

Kernthesen

Beitrag

Fallbeispiele

Zahlen und Fakten

Weiterführende Literatur

Impressum

GENIOS BranchenWissen Nr. 05/2005 vom 30.05.2005

Chemikalienrichtlinie "Reach" - Aktuelle Studie mildert Bedenken

Autor GENIOS BranchenWissen: A.Schneider

Kernthesen

- "Reach" ist eine geplante EU-Richtlinie zur Registrierung, Prüfung und Zulassung von rund 30 000 chemischen Stoffen.
- Ziel ist es, den chemischen "Giftcocktail" in unseren Produkten transparent zu machen, unsere Gesundheit und Umwelt zu schützen.
- Die aktuelle Fallstudie von KPMG, in der die wirtschaftlichen Auswirkungen untersucht werden, mildert die Bedenken der Industrie.

Beitrag

Eine aktuelle Studie zu Reach, der geplanten europäischen Chemikalienrichtlinie, mildert die Bedenken der Industrie. Die Europaparlamentarier haben sich mit Reach auf ein gewaltiges Unterfangen eingelassen. Rund 30 000 chemische Stoffe müssen registriert, auf ihre gesundheitliche Unbedenklichkeit hin geprüft und zugelassen werden. Mit der Umsetzung von Reach ist künftig die Industrie gefordert, zu beweisen, dass die von ihr verwendeten Stoffe harmlos sind. (1)

Was ist Reach?

Das Kürzel "Reach" steht dabei für die auf Englisch formulierte Zielsetzung "Registration, Evaluation and Authorisation of Chemicals". Hersteller und Handel müssen für ihre Produkte die Zusammensetzung erfassen und nach Brüssel melden. Rund 30 000 chemische Stoffe, die vor 1981 auf den Markt gekommen sind und von denen mehr als 1 Tonne pro Jahr produziert wird, müssen registriert, auf ihre gesundheitliche Unbedenklichkeit hin geprüft und von einer Chemie-Agentur zugelassen werden. Mit Reach haben sich die Europaparlamentarier auf ein gewaltiges Unterfangen eingelassen. Sie müssen das derzeit umfassendste Gesetzesvorhaben von 137 Artikeln und 17 Anhängen auf 1 200 Seiten lesen, verstehen und beraten.

Was passiert aktuell?

Ganz aktuell ist weiterer Lesestoff hinzugekommen. Die vom Europäischen Verband der Chemischen Industrie (Cefic) und dem Europäischen Industrieverband (Unice) beauftragte und von KPMG durchgeführte Fallstudie liegt vor.

Ein Novum:

Erstmals ist die betroffene Industrie in ein EU-Gesetzgebungsverfahren eingebunden. Die Studie fokussiert auf die wirtschaftlichen Effekte von Reach und untersucht die Auswirkungen auf die Hersteller von Auto, Papier, Zement, Metall und Verpackungsmaterial. Im Ergebnis mildert die Studie die dramatischen Bedenken der Industrie, die zum Beispiel die Abwanderung von Unternehmen ins Ausland fürchtet. Die Sorgen, wie kleine und mittlere Unternehmen die Herausforderungen von Reach finanziell stemmen sollen, werden jedoch bestätigt. (2), (3), (4), (5)

Damit ist eine neue Diskussionsrunde für alle Beteiligten, Betroffenen und Interessierten eröffnet!

Denn seit ihrem Erscheinen hat die EU-Richtlinie schon für etlichen Wirbel gesorgt und die Gemüter erhitzt. Es gibt inzwischen mehr als 40 Studien mit Folgekostenabschätzungen zu Reach. Bei einer Anhörung via Internet gingen 6 400 Stellungnahmen ein. Und in Berlin folgten 1 000 Chemiearbeiter dem Aufruf eines Aktionsbündnisses von 140 Firmen und gingen Ende April vor dem Brandenburger Tor gegen Reach auf die Barrikaden. (6), (7), (8), (9)

Welche Ziele verfolgt Reach?

Mit Reach sollen Sicherheitsstandards für das 21. Jahrhundert geschaffen werden. Der Schutz von Umwelt und Gesundheit beim Umgang mit Chemikalien wird verstärkt. Kosten, die durch Umweltzerstörungen und Krankheiten (Allergien, Atemwegserkrankungen, Krebs) entstehen, sollen reduziert werden. Man verspricht sich eine Förderung der Wettbewerbs- und Innovationsfähigkeit der Unternehmen. Die Arbeitnehmer der chemischen Industrie sollen im Umgang mit Chemikalien noch besser geschützt werden und der Endverbraucher wird mehr Transparenz haben, was in seinen Produkten tatsächlich enthalten ist. (2), (3), (4).

Welche Interessen prallen aufeinander?

Diese Zielsetzungen verdeutlichen schon, dass unterschiedliche Interessenlager aufeinanderprallen, die sich in einer nunmehr eineinhalb Jahre andauernden Diskussion einen Schlagabtausch liefern.

Umweltschutzorganisationen wie der World Wildlife Fund (WWF) und Greenpeace befürworten eine strenge Handhabung der Chemikalienrichtlinie. Sie erhoffen sich die "richtigen Rahmenbedingungen für verantwortungsvolle Produktion und nachhaltige Entwicklung". Die jüngst veröffentlichte KPMG-Studie bestätigt sie darin, dass die Auflagen in einer vernünftigen Kosten-Nutzen-Relation stehen. (10)

Die Industrie und die Verbände Cefic und Unice

begegnen dem Regelwerk mit großem Argwohn und äußern zahlreiche Bedenken. Sie stellen zwar das Verfahren nicht grundsätzlich in Frage, fordern aber Änderungen zugunsten einer praktikableren und günstigeren Ausgestaltung in der Realität des Wirtschaftslebens.

Insbesondere in der Sorge um die überdimensionale Belastung der 7 500 europäischen Chemie-KMU (Kleine und Mittelständische Unternehmen mit bis zu 250 Angestellten) sieht sich die Industrie durch die KPMG-Fallstudie bestätigt. Für sie ist der Mehraufwand für Tests und Registrierung von bis zu 20 % des Umsatzes belastend. Sie sind insbesondere deshalb so betroffen, weil die EU-Richtlinie bisher vorsieht, dass alle Stoffe detailliert geprüft werden müssen, auch wenn die produzierte Menge sehr klein ist. (3) Die Kosten für die Großindustrie werden als beherrschbar eingestuft. (2)

Die Politik, allen voran natürlich die EU-Visionäre, wittern die Chance, dass sich Europa mit der Chemierichtlinie als Vorreiter in der Weltmarktkonkurrenz bei der Einführung neuer Sicherheitsstandards positionieren kann. Die KPMG-Studie bestätigt sie darin, dass die Kosten und Folgen von Reach für die Industrie zumutbar sind. (11)

Verbraucherschützer fürchten, dass die

Registrierungskosten an sie weitergegeben werden und sie somit letztlich den Preis für alles bezahlen müssen.

Welchen Nutzen hat Reach?

Von Reach werden einerseits deutliche Einsparungen im Gesundheitswesen erwartet. Die Schätzungen belaufen sich auf rund 50 Milliarden Euro verteilt über 50 Jahre. Demgegenüber machen sich die Kosten für die Unternehmen relativ unbedeutend aus. Sie werden auf 2,8 5,2 Milliarden Euro verteilt auf 11 Jahre kalkuliert. (3) Zum anderen erhalten die Hersteller bessere Informationen über die eingesetzten Stoffe, können eine fundiertere Auswahl des Stoffeinsatzes treffen und somit die Risiken für ihre Kunden minimieren.

Wo liegen die Probleme?

In der Diskussion um Reach werden vielfältige Einwände auf den Tisch geworfen. Es sei zu aufwendig, zu bürokratisch, nicht praktikabel und verursache zu hohe Kosten und Folgekosten. In Innovationen fließe dann noch weniger Geld. Produkte würden teurer oder ganz vom Markt genommen, der Konsum gehe zurück. Noch mehr Jobs würden abgebaut. Durch die Veröffentlichung der Daten seien Patentschutz und Urheberrecht bedroht. Unternehmen wandern ins Nicht-EU-Ausland ab, wo sie ohne die Richtlinie agieren könnten. Nutznießer seien ohnehin die ausländischen Wettbewerber, die außerhalb der EU ohne Reach-Regularien produzieren. (10)

Welche Lösungsansätze werden diskutiert?

EU-Parlamentarier melden sich mit lösungsorientierten Vorschlägen zur Erhöhung der Praktikabilität und zur Senkung der Belastungen für die Unternehmen zu Wort. Die Vorschläge beinhalten zum Beispiel die Zulassung günstigerer Prüfmethoden oder eine wegfallende Gebühr für Registrierung geringer Mengen. (12)
Oder es könnten zunächst diejenigen Chemikalien und Grundstoffe geprüft werden, mit denen der Mensch direkt Kontakt hat. Von denen also bekannt sei, dass sie gefährlich sind, mit denen jeder Bürger zuhause, im Auto, in der Umwelt jeden Tag in Verbindung kommt. Die Datenmengen, die Unternehmen liefern müssen, würden von der Gefährlichkeit des jeweiligen Stoffes abhängig

gemacht. (13)

Wann kommt Reach?

Reach wurde im Oktober 2003 von der damaligen EU-Umweltkommissarin Margot Wallström vorgelegt. Seither hat zwar die EU-Kommission gewechselt, doch die Kommission unter Barroso mit Industriekommissar Günter Verheugen und Umweltkommissar Stavros Dimas hält prinzipiell an dem Regulierungsvorhaben fest.
Derzeit beraten der Ministerrat und das Europaparlament das Gesetz, im Oktober 2005 soll es gelesen werden, anschließend wird abgestimmt. 2006 sollen die Zweite Lesung im Europaparlament und dann die Einigung erfolgen. Wenn alles nach Plan läuft und die Richtlinie den EU-Ministerrat endgültig passiert hat, könnte Reach im Jahr 2007 in Kraft treten.
Die notwendigen Handbücher, Leitfäden und computerisierten Verfahren zur Umsetzung sind jedenfalls in den jeweiligen Landessprachen der 25 EU-Länder bereits in Arbeit. Die "Gretchenfrage" lautet nur, ob und wie schnell sich die Diskussionspartner über Sein und Nicht-Sein in Sachen EU-Chemikalienrichtlinie einigen werden. (11)

Fallbeispiele

- Die Schweiz sieht sich durch Reach beispielsweise bei der Produktion von Folien für Ski- und Taucherbrillen betroffen, da diese aus einem Basiskunststoff bestehen, angereichert mit Farbstoffen, Additiven, Katalysatoren. Ein anderes Beispiel ist die Produktion von Flipflop-Tafeln auf Bahnhöfen. Diese basieren zu 95 % auf PVC und aus weiteren 15 Stoffen. (14)
- In einem Autoreifen befinden sich 130 verschiedene Chemikalien, die alle geprüft werden müssten. Die Prüfung eines Stoffes kostet zwischen 50 000 und 150 000 Euro. (13)
- Ein Fußball (heute aus Kunststoff, nicht mehr aus Leder!) umfasst 40 verschiedene Substanzen, die einzeln geprüft werden müssten. (10)
- Es wird sogar ein mögliches Aus für Zigaretten befürchtet. Im Umweltschutzausschuss des EU-Parlaments ist die Forderung aufgetaucht, die rund 800 bei der Zigarettenherstellung verwendeten Zusatzstoffe ebenfalls dem Prüfungsverfahren zu unterziehen. Pikant: einige Ingredienzien der heute bekannten Zigaretten seien als Grundstoff zwar ungefährlich, würden aber bei 800 Grad Celsius

verbrannt und dann hochtoxisch. (15), (16), (17)
- Der bayerische Chemiekonzern Wacker schätzt, dass ihn die geplante EU-Chemie-Richtlinie teuer zu stehen kommt: er veranschlagt Kosten in Höhe von 50 Millionen Euro in einem Zeitraum von 10 Jahren. (18)
- Hamburg sieht sich durch Reach besonders betroffen, da hier über den Hafen rund 80 % der Chemikalien und verwandter Produkte in die Bundesrepublik und in weite Teile der EU transportiert werden. Die Hamburger Handelskammer hat sogar eine trinationale Erklärung aller Industrie- und Handelskammern in den Elbe- und Oderregionen Deutschlands, Polens und Tschechiens initiiert, in der Reach abgelehnt wird. (19), (20)
- Sachsens Chemiefirmen haben sich zu Wort gemeldet. Die Bayer Bitterfeld GmbH, die Leuna-Tenside GmbH und die Miltitz Aromatics GmbH fürchten überzogene Bürokratie und Kostenaufwand. Die Dow Olefinverbund GmbH, Tochter des US-Multi Dow Chemical, kündigt sogar die Produktionsverlagerung einer neuen Folie in die USA an. (21)
- Der Farbenstandort Ober-Ramstadt und die Firma Caparol kritisieren die Chemie-Verordnung. (22)
- Die Lackfabrik Hemmelrath (53 Millionen Euro Umsatz, 230 Mitarbeiter) in Klingenberg befürchtet gar, die Firma verkaufen, dichtmachen oder verlagern

zu müssen. Derzeit werden für die Entwicklung eines Basislackes 1 bis 1,5 Millionen Euro veranschlagt. Wird Reach Realität, könnte die Entwicklung desselben Lackes bis zu 18 Millionen Euro verschlingen. Die Untersuchung nur einer Substanz im Labor und deren Registrierung würde nämlich je nach verwandter Menge mindestens 50 000 Euro kosten. (23)
- Der Bodenbelagsproduzent Debolon Dessau sieht seine Arbeitsplätze in Gefahr und beteiligt sich deshalb an der Berliner Demonstration gegen die Chemikalie-Politik. (24)

Zahlen & Fakten

- Reach = Registration (Registrierung), Evaluation (Bewertung) and Authorisation (Zulassung) of Chemicals

- Verfahren bei der Neuordnung der EU-Chemikalienpolitik

- Rund 30 000 chemische Stoffe, die in einem Umfang von mindestens 1 Tonne in der EU hergestellt oder importiert werden, müssen registriert und evaluiert werden.

- Besonders gefährliche Stoffe (z.B. krebserzeugend,

erbgutschädigend) müssen zugelassen werden.

- Chemische Stoffe, von denen mehr als 100 Tonnen pro Jahr produziert werden, müssen ebenfalls zugelassen werden.

- Hersteller, Importeure und Behörden sind in den Prozess eingebunden und haben Pflichten.

- Die Hersteller müssen Informationen über Eigenschaften und Verwendungen der Stoffe und Vorschläge zum sicheren Umgang in einem Registrierungsdossier bereitstellen.

- Die Registrierungsdossiers werden von einer neu zu gründenden europäischen Agentur für chemische Stoffe in einer Datenbank verwaltet.

- Nutzen: Einsparungen im Gesundheitswesen in Höhe von rund 50 Milliarden Euro verteilt über 50 Jahre werden erwartet.

- Kosten: Industrie muss sich auf Kosten in Höhe von 2,8 5,2 Milliarden Euro verteilt auf 11 Jahre einstellen.

Weiterführende Literatur

(1) Entwarnung bei Chemie-Richtlinie
aus Süddeutsche Zeitung, 27.04.2005, Ausgabe Deutschland, S. 23

(2) Entwarnung bei Chemikalien-Richtlinie Studie der Industrie führt Panikmache ad absurdum / Kleinbetrieben drohen Probleme / Brüssel nicht erstaunt
aus Frankfurter Rundschau v. 27.04.2005, S.9, Ausgabe: S Stadt

(3) 1000-Seiten-Gesetz kommt
aus HandelsZeitung vom 04.05.2005 Seite 14

(4) Studie zur Chemiepolitik stützt EU-Kommission Auswirkungen der geplanten Richtlinie für Industrie überschaubar · Branchenverbände enttäuscht
aus Financial Times Deutschland vom 28.04.2005, Seite 14

(5) EU-Pläne belasten Unternehmen
aus Frankfurter Allgemeine Zeitung, 26.04.2005, Nr. 96, S. 13

(6) Jobabbau befürchtet
aus Hamburger Abendblatt, 22.04.2005, Nr. 93, S. 23

(7) O.V., Chemie-Mittelständler fürchten Jobabbau, LVZ/Leipziger-Volkszeitung, 22.02.2005, S. 6, Ausgabe: Oschatzer Allgemeine
aus LVZ/Leipziger-Volkszeitung, 22.04.2005, S. 6

(8) Protest in Berlin gegen EU-Chemieverordnung

aus Stuttgarter Nachrichten, 22.04.2005, S. 13

(9) SYSTEM REACH Reichlich Zündstoff
aus Mitteldeutsche Zeitung vom 04.03.2005

(10) Verbraucher zahlen für EU-Richtlinie Studie: Geplante Tests für chemische Stoffe führen zu höheren Preisen
aus DIE WELT, 20.04.2005, Nr. 91, S. 12

(11) "Mit Reach wird Europa zum Vorreiter"
aus Frankfurter Allgemeine Zeitung, 27.04.2005, Nr. 97, S. 14

(12) Angriff auf Chemierichtlinie CDU-Europaparlamentarier wirbt für einfachere Registrierung chemischer Stoffe
aus Financial Times Deutschland vom 06.05.2005, Seite 34

(13) "Es entsteht Konfusion" EU-Parlamentarier Florenz: EU-Chemikalienrichtlinie belastet Verbraucher und gefährdet Konjunktur
aus DIE WELT, 20.04.2005, Nr. 91, S. 12

(14) O.V., Neue Chemikalien-Regulierung schadet Europa, NZZ am Sonntag, 06.02.2005, Nr. 6, S. 41
aus DIE WELT, 20.04.2005, Nr. 91, S. 12

(15) Chemikalienrichtlinie Mögliches Aus für Zigaretten
aus DIE WELT, 29.04.2005, Nr. 99, S. 12

(16) Zusatzstoffe in Zigaretten im Blick
aus Frankfurter Allgemeine Zeitung, 28.04.2005, Nr. 98, S. 12

(17) EU-Angriff auf Zigaretten Brenzlig: Chemische Tests für Glimmstängel im Gespräch
aus WirtschaftsBlatt, 28.04.2005, Nr. 2354, S. 113

(18) Wacker findet Reach zu teuer
aus Süddeutsche Zeitung, 22.04.2005, Ausgabe Deutschland, S. 27

(19) Unternehmen und Politik laufen Sturm gegen Chemie-Vorschriften - "Verheerende Auswirkungen" für Hamburg Neue EU-Verordnung bedroht Unternehmen
aus Die Welt, Jg. 60, 21.02.2005, Nr. 43, S. 34

(20) Kopp, Martin / Hanauer, Florian, Stadt im Würgegriff der Europäischen Union. Immer neue Verordnungen und Richtlinien aus Brüssel bedrohen Wirtschaft und Handel, Welt am Sonntag, Jg. 58, 20.02.2005, Nr. 8, S. HH2
aus Die Welt, Jg. 60, 21.02.2005, Nr. 43, S. 34

(21) Chemie will faires Recht EU-Pläne: Firmen fordern Nachbesserung
aus Mitteldeutsche Zeitung vom 04.03.2005

(22) Ober-Ramstadt kritisiert Chemie-Verordnung
aus Darmstädter Echo, 04.03.2005

(23) Wenn das neue Gesetz kommt, ist der Lack ab

aus Frankfurter Allgemeine Zeitung, 09.04.2005, Nr. 82, S. 69

(24) Debolon protestiert Demonstration in Berlin
aus Mitteldeutsche Zeitung vom 19.04.2005

Impressum

Chemikalienrichtlinie "Reach" - Aktuelle Studie mildert Bedenken

Bibliografische Information der deutschen Nationalbibliothek

Die Deutsche Nationalbibliothek verzeichnet diese Publikation in der deutschen Nationalbibliografie; detaillierte bibliografische Daten sind im Internet über http://dnb.d-nb.de abrufbar.

ISBN: 978-3-7379-2207-4

© 2015 GBI-Genios Deutsche Wirtschaftsdatenbank GmbH, Freischützstraße 96, 81927 München, www.genios.de

Alle Rechte vorbehalten. Dieses Werk ist einschließlich aller seiner Teile – z.B. Texte, Tabellen und Grafiken - urheberrechtlich geschützt. Jede Verwertung außerhalb der Grenzen des Urheberrechtsgesetzes bedarf der vorherigen Zustimmung des Verlags. Dies gilt insbesondere auch für auszugsweise Nachdrucke, fotomechanische Vervielfältigungen (Fotokopie/Mikroskopie), Übersetzungen, Auswertungen durch Datenbanken oder ähnliche Einrichtungen und die Einspeicherung und Verarbeitung in elektronischen Systemen.